JN022265

宣門有三
Gikado Yuzo

Parade Books

はじめに

2022年の夏、日本で大きな事件が起きました。総理大臣が銃撃を受け、亡くなられるという衝撃的な事件です。それがきっかけとなって「宗教2世」の人たちがクローズアップされるようになりました。その年の年末ごろには、エホバの証人の「2世」も話題になりました。ある一部のクリスチャンが原因となってエホバの証人に対する世間の風当たりが強くなったように思えます。

エホバの証人の人たちって、問題だらけの人たちでしょうか？　私が初めてエホバの証人と出会ったのは1966年です。その時以来ずっと証人たちを観察してきましたが、「異常な人たち」「非常識な人たち」「危険な人たち」ではありませんでした。普通の善良な人たちでした。

現在、世の中において、エホバの証人を批判する人たちがいますが、私は証人たちは決して悪い人々ではないことを主張したいと思います。この本に出てくる人たちがほとんどです。皆さん、この本を通じてエホバの証人はどのようなことを考えて生活をしているのかをご理解下さい。

私は市井の一聖書研究者です。この本を読まれている方々に、ぜひ聖書そのものを一度ゆっくりお読みになることをお勧めしたいと思います。

目次

あ

新しい服

妻「あなた、今年の地区大会のために、新しい服を買ってもいいかしら」
夫「え？　あれ、この間の巡回大会の前にも新しい服を買わなかった？　あの服もステキだし、買わなくてもいいんじゃないかな」
妻「あの服ね……。実は……田中姉妹と話をしてあることを約束したのよ」
夫「どんな約束？」
妻「自分が一番気に入っている服を交換しようって決めて、それを実行したのよ」
夫「それはよかったね？　じゃその田中姉妹と交換して手に入った服を着て行けば？　新しい服を買う必要はないよね？」
妻「それがね……田中姉妹がくれた服は……私が10年前に、気に入らないので田中姉妹にあげた服なのよ。田中姉妹はそのことを忘れているみたいなの」
夫「予見しないことって本当に起きるよね？」

あ

ある姉妹の強い不満

不満姉妹「姉妹、少し聞いてくれますか？　誰にも言ったことがないので……少し恥ずかしいなあ」
人並み姉妹「どうしたのですか？　私は口が固いので、安心して話してほしいわ」
不満姉妹「思い切って言います、恥をしのんで……」
人並み姉妹「ありがとう、信頼してくれて。どうしたの？」
不満姉妹「聖書の中に登場する女性で『美人』と言ったら想像する人って誰ですか？」
人並み姉妹「興味深い質問ね……えっと、あれは確かサラがいるわね、リベカもそうだし、ラケル、アビガイル、エステル……それから……」
不満姉妹「ありがとう、それぐらいにして。聖書ってどうして信仰が大切だと強調しているのに、『美人』を強調しているの？　エホバ神は美人が好きなの？　私は決して美人じゃないし、可愛いくもないし……今までプロポーズされたこともないし、食事に招待されたこともないし……私は本当に不美人だから……スタイルも良くないけど……家事は得意だし、優しい気持ちを持っていると自負しているけどね……このまま楽園に行っても絶対に楽しい生活は送れないと思うの」

人並み姉妹「そんなこと考えないほうがいいと思うわ。姉妹、エホバ神は、バラや桜は大好きだけど……タンポポやボケの花は嫌いだと思う？」

不満姉妹「ねえ、その例えはバラや桜の花は美しいけどタンポポやボケの花は、名前からして、そんなに良くない花って姉妹は言いたいのですか？」

人並み姉妹「えっ、そういう意味じゃなくて……姉妹、あまり感情的にならないで。私も自分は美人だとは思っていないわ」

不満姉妹「私もってどういう意味かしら？」

人並み姉妹「いえ、その……つまり……どう慰めたら……いやどう説明したらいいのか……」

不満姉妹「ほとんどの兄弟たちって、そろって美人が好きなんでしょ？　私、少しイライラするの、このことを考えると」

人並み姉妹（この姉妹は……重症だわ……）〔独り言〕

不満姉妹「多くの兄弟たちを見てよ……なぜ結婚相手に美人を選ぶのよ？　普通の顔でもいいじゃない。美人でなくても、優しくて献身的な姉妹は会衆内外にたくさんいます！」

人並み姉妹「そ、それは確かに……そう言えば……なるほどね。言い得てるわ……」

不満姉妹「だから……だから、〔涙声〕私は一生涯、兄弟たちに声をかけられることもなく……いいえ、永遠に結婚もできなくて……楽園に行っても、孤独で……空しい生活、さびしい生活を送り続けるのよ……もういいの……」

人並み姉妹「ところで……姉妹の理想としている兄弟は？」

不満姉妹「もちろん、イケメンの兄弟！　夫はハンサムに限るわ！」

人並み姉妹「……同感だわ」

い

意外な答え

A兄弟「B姉妹って、いつも元気に奉仕されているよね？ファッションセンスもいいし……若く見えるし……確か、B姉妹って55才くらいでしょ？」
C兄弟「確かにいつも明るく頑張っているね……でもね、彼女は実際は32才だよ」

あ
か
さ
た
な
は
ま
や
ら

あ
か
さ
た
な
は
ま
や
ら

い

異性を見る目

娘「お父さん……お母さんって本当に優しくて、料理も上手だし、仲間の人たちに対しても親切だし、野外奉仕も熱心だし、ファッションセンスもすばらしいし……本当にすてきなお母さんだと思うの。お父さんと結婚してくれて私を生んでくれて、大切に私を育ててくれたので、私はお母さんに心から感謝しているし……尊敬もしているの」

父「わかる、わかる。お母さんは立派な女性でしょ？　お父さんは立派な女性を選んだので、お父さんは女性を見る目があったのがわかるでしょ？」

娘「確かにその点は認めるわ……でも……」

父「でも？　どうしたの？」

娘「でも、お母さんは……男性を見る目がなかったのじゃないかなと思えて……。少し複雑な気持ち」

父「……（無言）」

い

祈り

小学生の息子「お母さん、クリスチャンは祈るようにと言われているよね？　いつでも祈ることができるの？」

母「そうよ。どうして？」

息子「僕も時々、神に祈っているけど……夜は祈らないようにしているの」

母「どうして、夜に祈らないの？」

息子「神も夜になると眠られるでしょ？　だからお昼にしか祈らないの。また時々、神は人間の祈りを本当に聞くことができるのかなって、疑問に思うことがあるんだけど」

母「エホバ神は人間の耳を創造されたでしょ？『聞くこと』ができない神が人間に耳を与えることができると思う？」

息子「あっそうか！　神は聞くことができるから人間の耳を創造することができるのか？　じゃ、神は見ることもできるし、話すこともできるってことなのか。人間の心も創造されたから、神にも感情があって人間の心の中も読むことができるのか……」

母「その通りなのよ。神は優しい方でしょ？　だから人間の正しい祈りを聞いて、叶えてくれる方だということがわかるわね？　日本が夜の時はアメリカはお昼でしょ？　神が眠る方ではないってわかるかしら？　あとで詩編の121：4を読んでね」

息子「あっ本当だ！　神は眠らないんだ、じゃあ、今夜から夜に祈ってもいいんだね？　うれしいなあ」

い

意表をついた方法

妻「あなた、最近、聖書の通読は順調に続いているの？　昨年の春から読み始めるって言ってたから……あれから一年半ぐらいになるわね。今はどの書まで読み進めているの？」

夫「まあまあ順調かな？　君も同時にスタートしたから、結構進んでいるのでは？」

妻「そうねえ、昨年の夏でモーセ五書は終わっていたし……秋頃には列王第２が終わって……今年のお正月は、確か、エステル書が終了して……今年の夏はエゼキエル書が終わって今、オバデヤ書なの。来週で小預言書をすべて読むつもりよ。で、あなたは、今はどのあたりを読んでいるの？」

夫「僕は読むのが遅いから……今はヨハネ第２の手紙までかな？」

妻「え〜、すごいじゃない。さすが私の夫、早い！」

夫「いやいや、実は……啓示の書から逆に読んでいる。まだまだ……かな？　他の人には言わないでね」

妻「言えるはずがないわ」

え

永遠の命

岡田兄弟「大山さん、今日もお元気そうですね」
大山さん「はい、最近、体調も良くてね……元気ですよ」
岡田兄弟「よかった。ところで大山さん、そのお元気な状態がいつまでも続いて、永遠に生きられたらいいと思われませんか？　聖書の中には……」
大山さん「永遠の命ですか？　それは無理でしょう？　動物も植物も鳥も魚もすべてに寿命があって、ある時期が来たら、つまり寿命が尽きたら、すべての生物は死ぬようになっているでしょ？　人間も80年か90年もすれば死ぬのが自然じゃないですか？　永遠の命は、物理的にも医学的にも不可能だと思いますよ。生命には終わりがありますよ、絶対に」
岡田兄弟「なるほど、そうですね。ご意見をありがとうございます。聖書で永遠の命、と言っているのは人間の命に関して述べているんです。動植物には生命の限界があるのは聖書も認めています」
大山さん「人間が永遠の命を神から与えられるのですか？　もし、人間が死ななくなったら……地球は人間であふれることになりませんか？　地球の表面積は有限ですよ」

岡田兄弟「もし将来、この地球に１兆人の人間が住むことになっても、その時の人口密度は計算すると6700／km^2だとのことです。一平方キロメートルに6700人って多いと思いますか？　これは埼玉県や名古屋市の人口密度とほぼ同じらしいですよ。まだまだ余裕がありますよ」

大山さん「でもいつかは地球から人間があふれるでしょう？」

岡田兄弟「その時は、人であふれないように神によって調節されると考えられます」

大山さん「えっ？　なぜ人口の調節をするのですか？」

岡田兄弟「大山さんは、お茶わんにお茶を入れる時に、お茶がいっぱいになって、お茶わんからあふれてもお茶を注ぎ続けますか？　途中で入れるのをやめられませんか？」

大山さん「それは、そうですけど。でも私は今、68才ですけど、この世では長生きはしたくないんです。90才、95才……になって、人に迷惑をかけてまでして生きたくないです。別に、明日死んでもいいと思っていますよ。私はこれまでの人生で後悔したこともないし……楽しい68年の人生でしたからね……もう思い残すこともないですよ」

岡田兄弟「この世では長生きしたくない理由は何でしょうか？」

大山さん「理由はたくさんありますよ。犯罪も多いし、外国では戦争が続いているし……こわい病気も増えてきているし……それに海も空気も汚染されているし……政治も私たちを助けてくれないし……正直な人がよく被害を受けている社会でしょ、今は」

岡田兄弟「私も同感です。今大山さんが言われた悪い事柄がこの世からなくなれば……いいとは思われませんか？」

大山さん「そりゃあそのとおりですよ。今言ったことがなくなれば……自殺する人もいなくなるでしょうね」(考え込む)

岡田兄弟「大山さんは本当に自分の命を大切にしておられるのですよ。その証拠に、大山さんは定期的に病院に通っておられるのではありませんか？　聖書はそれらの悪い事柄が近い将来にこの地上からなくなると告げているのです」

え

エホバ神ってどんな神？

子供「お母さん、エホバ神って、怖い神なの？　僕は、時々、エホバ神はいつも僕を天から見張っていて、少し僕が失敗したらすぐにおこる神じゃないのかな〜って思うことがあって……」

母親「あなたが赤ちゃんだった時、おしめがよごれた時にきれいにしたのは誰だと思う？」

子供「それは、お父さんじゃなくてお母さんだよね？」

母親「そうね。あなたが私の子供で、とても可愛いかったからね？　あなたがおなかが空いた時に、ごはんを作ってくれて、食べさせてくれたのは誰だったの？」

子供「それもお母さんだね。学校に行かせてくれたり、カバンや靴や服を買ってくれたのも……お母さんだった……」

母親「物を買ってくれたり、いっしょにごはんを食べたり、学校であった出来事を話した時にじっくり話を聞いてくれたり、おこづかいをくれた時のお母さんは……怖かった？」

子供「ううん、怖くはなかった。お母さんはやさしかった」

母親「エホバ神はそういう神なのよ。人間に太陽も水も空気も食べ物も……人間が生きていけるように地球を与えてくれた神なのよ。それでも神は怖いと感じる？」

子供「ううん……エホバ神は怖くない神だね。やさしい神だと思う」

母親「そうね。そしてエホバ神は人間一人一人を監視したり、つまり見張っているのではなくて、見守ってくれているのよ」

え

エホバの証人とヒゲ

息子「お母さん、うちの学校の担任の先生が来月から聖書の研究を始めるって言ってたよ」
母「本当？　それはスゴイね〜」
息子「うん、でも一つ質問されてね」
母「どんな質問？」
息子「先生が気にしていたのはね……ヒゲのこと」
母「ヒゲがどうしたの？」
息子「先生はあごヒゲを伸ばしていてね……すごく自慢しているんだけど先生が言うには、エホバの証人はヒゲを伸ばしたらダメって聞いているから、少し迷っているみたい」
母「そうなの？　確かに、エホバの証人はヒゲを伸ばすことは禁止されているわね……」
息子「なぜクリスチャンはヒゲを伸ばしたらダメなの？」
母「そうねえ……特に日本では社会的にもふさわしくないって言われているわ。女性たちの中には、ヒゲは不潔だから好きじゃないって言う人も多いしね……」
息子「じゃあ、１世紀のペテロ、パウロ、ヨハネ……そしてイエス・キリストもヒゲを伸ばしていたから、不潔な人たちだったの？」

母「そんなことはないよ。……でもなぜ今はヒゲはダメなのかしらね？」

息子「時代や地域によって許されたり、禁止されたりするのは、人間の習慣だよね。聖書の真理ではないと思うけど……。僕はいつの日かヒゲが許可される日が来ると思う」

え

遠慮しない間柄

山口兄弟「佐藤兄弟、最近少し背が高くなったのでは？　昨年より伸びているように思えるけど……」
佐藤兄弟「いや、ほとんど変わっていないよ。気のせいでは……あっわかったよ。山口兄弟、ひょっとして年齢と共に兄弟が背が低くなったのではないの？」
山口兄弟「あっそうかも。少しつらいなあ。ところで佐藤兄弟はこの一年ぐらいでかなりやせたように思えるけど……そんなに体重が落ちても大丈夫なの？」
佐藤兄弟「心配してくれてありがとう。この間体重を計ったら、25キロぐらい体重が落ちていてね……少し気になっているんだけれどね」
山口兄弟「えっ？　25キロも落ちたの？　病院に行ったほうがいいのでは？　……で、今は何キロあるの？」
佐藤兄弟「今は……ちょうど85キロかなあ」

お

親子関係

中学生の娘「お母さん……私、最近つらいことが多くて……家にいても落ち着かないし……今月まだ野外奉仕の時間はゼロなの」
奉仕に活発な母「えっ？　それは問題ね。じゃああさっての土曜日お母さん、３件の再訪問があるので一緒に行かない？」
元気のない娘「うん、いっしょに行きたい！」
推論ができない母「よかった！　明子も本当は奉仕が好きなのね？」
戸惑う娘「ううん違うの。奉仕している時のお母さんが優しいので」

お

オタク

息子「お母さん、オタクという言葉、知っている？」
母「ええ、知っているわ。どうして？」
息子「うちのクラスにはいろいろなオタクがいるよ」
母「ああ、そうなの？　例えばどんなオタクが……？」
息子「そうだなあ……アニメオタク、サッカーオタク、ゲームオタク、電車オタク、アイドルオタク……。だから僕もオタクになりたくて……」
母「えっ、それは困るわよ……何オタクになりたいの？」
息子「聖書オタク。もっと聖書に精通したくて……ダメなの？」

か

神の存在について

友人「結局、神って本当に存在するのか？」
私「存在しないと思っているの？　その理由を教えてよ」
友人「そうだなあ……まず目で見ることができないから」
私「なるほど、そうか……。でも空気も目に見えないよね？」
友人「確かに……それはそうだけど……。世の中は戦争や犯罪が多いよね？　神はなぜ、犯罪をなくさないのかな？　正義の神がいるなら、この世に悪はないはずだろ？」
私「なるほどね。……昨年の１年間で大阪では多くの犯罪が起きたらしいね？　犯罪が多かったから、大阪に警官・刑事・裁判官たちは一人もいなかったと結論してもいいと思う？」
友人「そ、それは、できない。でも下等動物から進化して人間になったんでしょ？」
私「君は海にいた魚が陸に上がって爬虫類生物になることや、DNAや遺伝子や染色体が異なるサルが人間になることって想像できる？　ネコのオスと犬のメスが交配して別の動物が生まれることがあると思う？　遺伝の法則を無視して、別の生物が生まれることはない、と遺伝学は認めているよね？」

友人「むずかしいことを話されても……」

私「では言語について話すね。もし、ここに100人の人間がいると考えてくれる？　その人たちは一人も話すことができない、とするね。つまり言語を持たない人々。その人たちが、何かブツブツ言って、唸ったり、叫んだりしているうちに言葉（文法・単語などを含む）が偶然に生じると思う？」

友人「それは……無理じゃないかな？」

私「そう100パーセント不可能だよね？　言葉を持たない生物は言葉を発明することはあり得ない、と言語学者は認めているよ」

友人「じゃあ、今、人間が言葉を話せるということは……」

私「そのとおり。君が想像していることが正解だよ！　人間は誰でも、言葉を話すことができる親か養育者から言葉を学んだからこそ、今話すことができるんだよ。昔、インドで発見された、オオカミ少女って知っている？　発見された時は両手両足で歩いていて、言葉は知らなかったよね？　頭脳があっても、舌があっても、口が完全であっても、言葉を教えられなかったら、人間は誰も言葉が使えないんだよね？」

友人「なるほどね……。説得力のある話だなあ……」

私「もし進化論が正しいとすれば……ひとつ質問するけど、オスとメス、男と女のどちらが先に進化したの？」

友人「そ、それは……むずかしいなあ……どちらが先でも、子孫は生まれないよ。すべての虫、爬虫類、哺乳類、鳥類、魚類のオスとメスが同時に進化する可能性は……ゼロだなあ……これってどういうこと？」

私「聖書によるとね、全知全能の神がすべての生物を大人の状態で創造したのです。種類別に創造したんです。愛にあふれた神が自然界と人間を創造したんだよ。その神が、近い将来、世界から悪を取り除くのだよ」

友人「……そうだったのか……あのう、僕も聖書を研究したい」

か

可愛いペット

兄弟「姉妹も可愛いペットを飼っておられるとか……。ちょっと噂を聞いたんですが……どのようなペットなんですか」

姉妹「私にとって、とても可愛いくてね……少し想像して、それが何か当ててくれますか……」

兄弟「わかりました。当てますよ……誰でもが、よく飼っている動物ですか？」

姉妹「というと？」

兄弟「犬、猫、小鳥とか……まさか魚？　リス、ウサギ……？」

姉妹「いいえ、全部違うわ」

兄弟「えっ？　犬、猫、小鳥、魚、全部違うのですかあ？まさか、蛇とか亀とか……では？」

姉妹「いいえ、違いますね。……私、３日に一度は近くの公園まで散歩させることもあるのよ」

兄弟「むずかしいなあ。散歩するとは足がありますね……少し考えこむ……降参します。一体どんな可愛いペットなんですか？」

姉妹「来週の交わりに連れて行くわ。体重は重くてね、この間、計ったら100キロあったのよ……」

兄弟「本当にわからないよ。一体どのような動物なんですか？　一度見てみたいなあ」
姉妹「答えます。可愛い可愛いコモドドラゴンなんです」
兄弟　……絶句……その場で気を失う……

か

漢字と聖書物語

A兄弟「兄弟は、象形文字って知っていますか？」
B兄弟「はい、知っていますよ。例えば、山とか川とか、鳥、馬などでしょ」
A兄弟「そうです。では会意文字は？」
B兄弟「意味を含んでいる漢字ですよね。たくさんあると思います。でも、その意味というものがあまりわからないです。教えてくれますか」
A兄弟「漢字はほとんどが中国から伝わってきました。その中国人もノアの子孫ですから、ある漢字の中に聖書の内容が含まれていても不思議ではありませんね。いくつか具体的に説明します」

「始」……女が秘密に・だまって（ム）食べた（口）
→罪の始まりを表す

「禁じる」……「神は２種類の木（林）を示された」
→命の木と善悪の知識の木を示して禁じた。

「船」……舟に８人（八）の人間（口）が乗った。

「裸」……果（くだもの）を食べたあとで衣（衣偏）を身につけた。それ以前はアダムとエバは２人共、裸だった

「初め」……神が刀を用いて動物を殺して人間のために衣（衣偏）を作って、最初の親切を示された。

「被」……神が動物を殺して、その皮を用いて人間の衣を作って、２人の人間に被せられた、または被われた。
「美しい」……神に捧げる羊（羊）は大きくて、傷のないものが立派だ、すばらしい→美しいと考えられた
「義」……羊（神の子羊、イエス・キリスト）を自分（我）の頭の上に置いて、つまり常に羊（イエス・キリスト）を意識して生きることは正しい（義）ことである。
「園」……土で口（人間）を創り、衣（２人の人が足で歩く）ようにされて、一定の面積の土地（囗）の中に置かれた→エデンの園に２人が置かれた
「婪」……貪婪（どんらん）の婪……物をひどく欲しがること……2本の木を一人の女が見つめている。エバは命の木と善悪の知識を見ていて、欲望に負けた。
「穴」……大洪水の後、８人の人間は、屋根状の岩の下に入った。（穴）の中に８人が集まった。
「魔」……うっそうと繁った覆い（广）の中の林の中に鬼がひそんでいた→サタンが隠れていた。
「犠牲」……犠牲の動物は牛（牛）や義（羊）がよく用いられていた。

このように昔から伝わってきた漢字には聖書の物語が含まれていることがよくあります。

か

慣用句の誤用（ほぼ実話）

ある姉妹「すみません……。○○兄弟……少し助けてもらえませんか？」
ある兄弟「どうされたのですか？」
ある姉妹「自転車が動かなくなって……困っているんです……少し見てもらえませんか？」
ある兄弟「はい。いいですよ……ちょっと見ていいですか？」
ある姉妹「ありがとうございます。『溺れる者はわらをもつかむ』心境です～」
ある兄弟「いえ……（自分は、姉妹にとって「わら」だったのか？）」

――――――

兄弟「夕食に招いて下さってありがとうございました」
姉妹「いいえ、どういたしまして……兄弟のお口に合っていたでしょうか」
兄弟「ええ、それはもう、『空っ腹にまずいものなし』ですからね……」
姉妹「ああ、そうですか……？（つらいわ）」

——————

A兄弟「兄弟の息子さん、よかったですね？　援助奉仕者に任命されて……」

B兄弟「ありがとうございます。息子もよく頑張っていますから……私以上に努力してきましたからね……」

A兄弟「そうだと思います。『トンビが鷹を生む』ですよね？」

B兄弟「（ムカッとして）そうですか……（『蛙の子は蛙』だと思うけど……）」

あ
か
さ
た
な
は
ま
や
ら

き

兄弟達の会話（実話）（巡回訪問中の銭湯での会話）

A兄弟「銭湯って気持ちいいですね、兄弟？」
巡回監督「その通り！」
B兄弟（監督が腰をおろして頭を洗っているところに近づいて）「兄弟！　背中を洗いますね。（大声で）兄弟の筋肉、すごいですね……！　あれっ、急にお客さんが減ってきたようですね、どうしたんでしょうね？」

き

聞く力のある姉妹

姉妹「兄弟､最近はいかがですか？　お元気でしたか？」
兄弟「ありがとう､気にかけてくれて。体の調子はあまり良くなくてね。最近はずっと頭がボーっとすることもあるし、目の調子もよくなくて。喉も痛くなることもあって……手足の先が冷えていてね……時々、しびれることもあるし、腰痛が起きたり、ふところも寒いし、ひざの関節も少し痛いしね……寝ている時にこむらがえりも起きるし」
姉妹「経済的にもつらそうで、大変ですね」

き

義に過ぎる息子

母親「太郎、頭にハエがとまっているわよ」

息子「えっうん、大丈夫だよ」

母親「追い払わないの？」

息子「うん、とまったままにしておくよ」

母親「なぜなの？」

息子「僕は虫でも追い払ったり、殺したりはしないよ」

母親「どうしてなの？　以前はそうじゃなかったのに……」

息子「ハエもゴキブリも神の創造物でしょ？　殺したらかわいそうだもの。お母さんは今でもゴキブリは苦手なの？　ゴキブリはいつも殺しているの？」

母親「ゴキブリの話はやめて！　お母さんの一番嫌いなものはゴキブリってことは会衆の人たちも全員知っているのに、あなたは知らないの？」

息子「僕は、神が創造された生物は一匹も殺したくないの。米の粒も神が創造されたものでしょ？　だから弁当箱の中に米の粒が残らないようにしているよ」

母親「正しいことを追い求め過ぎることは大変でしょう？」

息子「確かに、それはそうだとは思うよ。体に有害な物を取り入れたくないので、外を歩く時は少し苦しい時があるよ。車の排気ガスを吸いたくないので、外ではずっと息を止めているので……何回もめまいが……」

母親「太郎、一度、伝道の書の7章16節を読みなさい」

き

疑問と不安

息子（小学生）「お母さん、聖書が約束している地上の楽園って本当に来るの？　僕、時々、不安に思える時があって……」
母「どのように思うことがあるの？」
息子「ものみの塔に描かれている、きれいな景色のパラダイスが東京のような大都会にも本当に来るのかなあって不安になる時があるの……」
母「エホバ神が約束したことで、ハズれた予言が聖書の中にのっているかしら？」
息子「いや、それはないよ。でもそれらは過去のことでしょ？　これから起きる未来の予言は大丈夫なのかなあ……」
母「ところで……今日は金曜日？　あと２回寝たら……何曜日になるのかしら？」
息子「え〜と……日曜日だよ。皆で映画に行く日だよね？」
母「太郎、ひとつじっくり考えてほしいのだけど……あと２回寝たら日曜日になるって言ったけど……本当に日曜日が来ると思う？」
息子「お母さん、変なことを言わないで。絶対に日曜日は来るよ。100パーセント来るよ」
母「未来のことなのに、太郎は自信をもって答えたわね？　地球は絶対に自転と公転をやめないからでしょ？　だから人間はそのことを信じているでしょ？　では地球を動かしているのは誰なの？」
息子「それは……エホバ神。なるほど楽園も必ず来るね！」

く

偶像崇拝者

偶像崇拝者の父「ちょっとちょっと、一郎、お父さんがこの仏像の前に供えておいた団子は最初は5個だったのに、今は4個しかないぞ。お前が1個食べたのか？」

偶像崇拝者の子供「僕、食べていないよ」

偶像崇拝者の父「それは嘘だろ！　この部屋にはお前しかいなかったじゃないか！　白状しなさい」

偶像崇拝者の子供「た、たぶん……仏像が食べたんだよ」

偶像崇拝者の父「ば、馬鹿なことを言うな。口がない、物を食べられない偶像が団子を食べるはずがないだろう！」

偶像崇拝者の子供「じゃあ、偶像が僕が犯人だと言ったの？」

偶像崇拝者の父「いや、それはない。偶像がしゃべるはずがないじゃないか」

け

結婚適齢期はいつ？

息子「お母さん……実はね……ぼく……気になっている姉妹がいるんだけど……。こんなこと言っていいのかなあ……」

母「えっ？　びっくりしたわ。その姉妹って、一体誰なの？」

息子「今は名前は言えないよ。あこがれているだけ」

母「結婚は意識しているの？」

息子「うん、もし告白して、結婚前提で交際を始めることができたら……将来は結婚するかも……。とにかくステキな姉妹だから」

母「あなたは今、23才でしょ？　少し早いような気が……」

息子「若さの盛りが過ぎてから……ってよく言われるけど……それは何才ぐらいなのかな？」

母「そうねえ……30才以上かしら……、20才の前半はまだ早いと思うわ」

息子「でも統治体の兄弟たちは、若くして結婚している人が何人かいるよね？　確かＡＭ兄弟は21才で、ＳＬ兄弟やＧＬ兄弟は……20代半ばで結婚したと聞いたけど……統治体の兄弟だったら、20代で結婚してもいいってこと？」

母「えっ〜それは……あのう〜アメリカでは早婚がよくみられるし……」

息子「ところでお父さんとお母さん二人が結婚した時、二人は何才だったの？」

母「私が18才で、お父さんは19才だったの……」

あ
か
さ
た
な
は
ま
や
ら

あ
か
さ
た
な
は
ま
や
ら

こ

古代ヘブライ語と日本語

A兄弟「B兄弟、少し話したいんだけど……」
B兄弟「はい、いいですよ」
A兄弟「シャツ、ドーナツ、テレビ、コンビニ……など今の日本語の中には多くの外来語が入ってきているでしょ？」
B兄弟「そうだね。特にアメリカの影響が強くあってほとんどが英語の単語が元になっているね……」
A兄弟「ということは日本人とアメリカ人、イギリス人は昔から交流があったということでしょ？」
B兄弟「そうです。それが、どうしたのですか？」
A兄弟「実は……B兄弟、おどろかないでほしいんだけど……古代のヘブライ語が昔から日本に入ってきていて現代の日本語と同化しているという事実を知っていますか？」
B兄弟「え？　古代のヘブライ語が今の日本語と関わりがあるの？　それは信じられないよ」
A兄弟「ところがね……おどろいたことに、ヘブライ語と日本語がほとんど同じなんです。その単語の数は10個や20個ではなくて、実に、3000以上もあることは聞いたことはないですか？」

B兄弟「まさか～、そんなことってあるの？　証拠は？」
A兄弟「私は少し調べたのですが……これはイスラエルの大学教授たち、言語学者たちも認めていることなんです。では例をあげますね。
『古代ヘブライ語（意味）（3000以上の例の一部）
ヤッホー（神様）
ヨイショ（神が助けて下さる）
ワッショイ（神が来た！）
ヤマト→ヤ・ウマト（神の民）　←大和
ミヤ（神のいる場所）　←宮
シャムライ（守る者）　←侍
アッパレ（栄誉を得る）
ドッコイショ（押せ！　神の救い！）
マナコ（目・ひとみ）、アキナフ（買う）　←商う
ピタイ（額）、ユルシェ（許し・許可）
パナ（鼻）、サラバ（さようなら・平安）
カタ（肩）、ワラッベン（童〈わらべ〉）
ムネ（胸）、ヒン（品・美）
トリイ（〔神の〕門）
ハジェカシム（辱しめる）』
などがあります」
B兄弟「すごいね！　エホバの証人は、これからは古代ヘブライ語と現代の日本語を研究して、世界に発表してほしいなあ」

こ

好みが合わない夫婦

夫兄弟「やっとレストランに着いたね。君は何が食べたいの？　和食、洋食、中華料理、肉料理、野菜料理、韓国の料理もあるけど……」

妻姉妹「そうねえ……私はキツネうどんがいいわ」

夫兄弟「えっ、そ、それでいいの？」

妻姉妹「ところであなた、アルコールは何にするの？日本酒、ビール、ウィスキー、ウォッカ、ワイン、ラオチュー（老酒）、焼酎もあるわ」

夫兄弟「僕は何といっても、梅酒だなあ、それがなければ泡盛」

こ

高齢者の兄弟姉妹
（目と耳が少し不調……）

妻「あなた、あそこを歩いている人って田中兄弟じゃないかしら」
夫「違うよ。中田兄弟じゃなくって田中兄弟だよ。君は視力が弱くなってきたのかもしれないね、心配だ」
妻「あ、そうね、私、てっきり田中兄弟だと思ったわ」

こ

子供の疑問・結婚

母「芳子ちゃん、最近、和兄ちゃんと仲良くしている？」

娘（芳子）「うん。仲良くしているよ。和兄ちゃん、芳子にものすごくやさしくしてくれるし……お兄ちゃんといっしょにいたら……楽しいもん」

母「そうなの。よかったね。お母さんも、2人の仲が良いとうれしいわ。お父さんも同じように思っているよ」

娘「でも、芳子……悩んでいるの。困っているの……」

母「何があったの？　お母さんに話してくれるかしら？」

娘「うん、昨日も考えていたの。私……和兄ちゃんと……大人になったら、結婚したいの」

母「芳子ちゃん……2人の仲が良いのはお父さんも、お母さんもうれしいの。でもね、同じ家の中で生活している人とはね……結婚はできないのよ」

娘「どうしてダメなの？　こんなに好きなのに？　エホバも許してくれないってこと？　……そんなのイヤだ……それは、大人の事情ってこと？」

母「芳子ちゃん、『大人の事情』って言葉、どこで覚えたの？」

娘「学校の友達に教えてもらった……結婚はダメってこと？」

母「もう少し大きくなってから話そうか？」
娘「いやだなあ。お母さんは、同じ家にいるお父さんと結婚しているじゃない……」

こ

答えがわからない

クリスチャンの中学生「質問してもいいかなあ」

無神論中学生「いいよ、また進化論の間違いについての質問かな？　何でもいいよ。僕も勉強しているからね」

クリスチャン中学生「キリンの首はぜ長いのか？　どう思う？」

無神論中学生「簡単だよ。それは高い木の実とか葉などを食べよう、食べよう、絶対に食べたい、と望んでいたから。長い時間が経つにつれて、首が少しずつ伸びて、今の長さになったんだよ」

クリスチャン中学生「それは正しいの？」

無神論中学生「絶対に正しいよ！　他に答えがある？」

クリスチャン中学生「もし、高い木の実を食べて、生き延びることができたのなら……そして、首の短いキリンが生き残れなかったとしたら……どうしてシマウマは生き延びることができたの？　また首の長さが2分の1、3分の1のキリンの化石はないよね。キリンの化石はすべて首が長いよ。人間がキリンみたいに望み続けたら人間の体も変化、つまり進化すると思う？　たとえば、全人類が空を飛びたい、飛びたいって毎日、何ヶ月も、何年も願い続けたら、人間の背中に羽根が生えると思う？」

こ

この世の人間

……町のはずれ、近くに墓地もある淋しい場所にて……

A姉妹「もうすぐ夕方になるわ……」

B姉妹「そうね……。少し遅いわね……C姉妹、もうそろそろ来てくれるかしら……」

A姉妹「C姉妹って、よく遅刻するからね～」

B姉妹「C姉妹ったら、なぜ私達にこんな辺ぴな場所で待つようにと言ったのかしら……」

A姉妹「もう9月半ばだし、私達の白いブラウスが薄いので、少し冷えてきたわ……」

（10分後）

B姉妹「あら、誰か人が来たわ……2人連れの……男の人……」

2人の男「お嬢さんたち、ここで何をしているの？」

A・B姉妹「……何も……」

2人の男「向こうの明るい通りにコーヒーがおいしい喫茶店があるんだけど、一緒に飲みません？」

A・B姉妹「あの……私達……」

2人の男「行こうよ！　こんな薄暗い場所よりも向こうの方が楽しいから……ね？　行こうよ～」

A・B姉妹「……実は私達はこの世の者では…ないので

す……」

2人の男「えっ……し、し、失礼しました……」（あわてて逃げ去る）

こ

子供の誕生日（実話）

友人A「君は確か、エホバの証人だったね？」
私「そうだよ」
友人A「エホバの証人って、子供の誕生日を祝ってあげないって聞いたよ。なぜ祝わないの？　子供がかわいそうだよ……」
私「あのう……誕生日を祝うことを聖書は『禁止』はしていないけれど……勧めてもいないよ。もし誕生日を大切にする考えが、聖書の中にあったら……イエス・キリストの誕生日が記録されていたと思う」
友人A「なるほどね。でも子供さんたちに不満はないの？」
私「うちは誕生日を祝わないけど……子供の誕生日は楽しい日となっているよ……」
友人A「えっ、どうして？」
私「うちでは昔から、子供たちに何回も質問してるんだ」
友人A「どんな質問をするの？」
私「生まれてくる子供と子供を生む母親のどちらが苦しい思いをすると思う？　とたずねるんだ。すると子供はよく考えたあと、お母さんのほうが大変だと思う、と答える。私はそのことを強調して、『お母さんって偉いよね、お母さんに感謝できるよね』と教えるんだ。だから、うちの家では、子供の誕生日はお母さんに感謝する日になっているんだ。楽しい日になるよ」

さ

賛美の歌

A兄弟「私って賛美の歌が少し苦手なんですよ」

B兄弟「ああそうなんですか？　なぜなんですか？」

A兄弟「音痴かもしれないので……少し恥ずかしくて……」

B兄弟「実は、私も少し苦手なんですよ」

A兄弟「噂によると、この会衆の人達って少し音痴の人が多いと聞いているんですけど……だけどC兄弟は歌っている時、少し声が大きくて、気になっているんです。音程もかなりはずれているんじゃないかなって思う時があるんですよ」

B兄弟「兄弟、C兄弟は一番上手に歌える兄弟なんです。あれが正確な歌なんですよ」

あ
か
さ
た
な
は
ま
や
ら

し

正直すぎる兄弟たち（電話での会話）

△△**兄弟**「もしもし、○○兄弟でしょうか？」
○○**兄弟**「もしもし、はいそうですよ」
△△**兄弟**「朝早くからお電話してすみません。そして、こんな格好で申し訳ないです」
○○**兄弟**「いえいえ。私こそ変な格好で……」

し

進歩しつつある夫

司会者「○○さん、最近はよく努力されていますねえ。集会もすべて支持されていますし……神権学校も考えておられるとか……お伺いしていますよ」

進歩的な夫「はい。聖書の音信ってすごいですね。楽園の希望もすばらしいですね。もっと早く勉強したかったです」

（一週間後）

進歩的な夫「○○兄弟……私、今日限りで聖書研究をやめたいのですが……」

司会者「ええっ？　急にどうされたのですか？　何があったのですか？」

進歩的な夫「楽園の希望は本当にすばらしいと思いますが……楽園に行ったら、この私の妻と永遠に生活するようになるのですよね？　……それが耐えられないです。ストレスの多い生活になりそうで……」

あ
か
さ
た
な
は
ま
や
ら

し

将来の希望

（野外奉仕で）

ある兄弟「おばあさんはおいくつですか？」

おばあさん（家の人）「私の年ですか？　かなり高齢ですよ」

ある兄弟「いいえ、お元気だし、お若く見えますよ」

おばあさん「今年で97才ですよ」

ある兄弟「ええ？　97には見えませんよぅ。ところで今日は聖書からの良いたよりをお知らせしているんです。ところで、おばあさんの将来の夢は何ですか」

おばあさん「そんな……そんなことを聞くのですか……」

し

人生いろいろ、兄弟もいろいろ、姉妹もいろいろ

田中兄弟「今日は、皆さん、交わりに参加して下さってありがとう。今日は、まず皆さんの、楽園での夢について語ってほしいと思います。何をやりたいか、ですね……」

小川兄弟「私は、たくさんの動物を見たり、世話したり……したいね」

山岡兄弟「私は、今でも大きな動物園に行けば、多くの動物を見ることができるので……あまり、動物には興味はないんですよ」

小川兄弟「ああ、そうですか？　じゃあ、山岡兄弟は何がしたいの？」

山岡兄弟「私は世界一周の旅がしたいんですよ」

和田姉妹「私は、経済的に余裕があるので……今でも世界を旅行できるので……楽園での旅行は興味ないですね……。私は大きな庭付きの邸宅を建てたいの」

山川姉妹「そうなんですか？　うちの主人、一級建築士なので、今でも邸宅はすぐにでも建てることができるので、私は大きな家には興味ないですね～」

岡田姉妹「私は復活してきた、聖書中の有名人に会いたいんです」

田辺兄弟「僕は聖書と洞察の本を完全にマスターしたの

で、有名人物のことはほぼ理解しているから、改めて会いたいとは思わないよ」

田中兄弟「ではでは、皆さん、永遠の命については、どう思われますか？」

崎田兄弟「永遠に生きる……か少し退屈しないかなあ……僕は、期限があるほうがいいと思うので、永遠の命の３分の１ぐらいの寿命でいいと思う」

あ か さ た な は ま や ら

し

信仰面で問題がある子供

息子「お母さん、エホバ神ってすごい知恵のある神だと思うよ……物を見るために、ぼくたちの目を創造されたんだよね？　音を聞くために耳も。味をみるために舌も、話せるために口をつくって下さったんだよね？　無駄なものは創造されなかった」

母「そうね、じゃあ鼻はなぜ創造されたのかわかる？」

息子「それは簡単だよ。人間がメガネをかけることができるように……」

母「……（無言）……」

あ
か
さ
た
な
は
ま
や
ら

し

少子高齢化会衆

高齢姉妹「今、日本の国も少子高齢化社会になっていますね。うちの会衆を見ても……小学生は２人……中学生は１人……高校生は２人……20才以上～30才は６人……30才～50才は15人ぐらい……50才～70才は、25人……80才以上は30人」

高齢兄弟「姉妹……よく観察されていますねえ。確かにうちの会衆の平均年齢はどれぐらいでしょうねえ？」

高齢姉妹「平均年齢ですか～、平均を出してもあまり意味がないと思いますけど……だいたい65才ぐらいじゃないかしら……」

高齢兄弟「平均年齢が65才か。私たち２人も平均年齢を上げていますね。私はこの10年近く赤ん坊を見ていませんね……」

高齢姉妹「そうですね。1980年代は多くの子供たちがいましたね……当時は会衆も活発でしたよね～」

高齢兄弟「と同時に、若い人たちもたくさんいたけれど、多くの人たちは奉仕にうち込むために結婚を望まなかった。もっと多くの人々が結婚していたら、子供も生まれて、今ごろはもっと多くの若い人たちが、この会衆に交わっていたことでしょうね。残念ですね」

高齢姉妹「ところで隣の会衆で、先週、婚約の発表がありましたね。久しぶりのニュースですよ」
高齢兄弟「そうそう高齢の兄弟と姉妹ですね。確か兄弟が85才で姉妹はもう少し若くて82才でしょ。本当におめでたい話ですよね。でも、その２人は、私たちよりも、ずっと若いですね」

あ
か
さ
た
な
は
ま
や
ら

し

宗教的な起源

息子「お父さん、結局のところ、エホバの証人はなぜ乾杯をしないの？」

父「百科事典などで調べてみると、乾杯する行為は古代の宗教的な慣習だったと書いてあるよ」

息子「でも一般の人々は、宗教とは結びつけて考えていないと思うけどな……」

父「起源が宗教的なものである、という点がエホバの証人が気にしているところで……」

息子「じゃあ、結婚指輪も起源は昔の異教と関係があるって学校で学んだよ。また、ネクタイの起源は昔、若者たちが戦争に行く時に、ケガをしないようにと願ったまじないが起源だけど……なぜ、エホバの証人はその指輪やネクタイは問題にしないの？」

た 七夕（たなばた）を祝う？

先生「良太君は七夕を祝うことができないのよね？」

良太「はい」

先生「それは、お父さんとお母さんが、ダメと言っているからなの？」

良太「いいえ、ぼくは自分で決めているんです」

先生「え～？　友達は皆、短冊に願いごとを書いているでしょ？　天のお星さまに願いごとを書いて、楽しくしているでしょ？　良太君は、友だちを見て、うらやましいなって思うことはないの？」

良太「全然、思いません。これはやせがまんじゃないんです。ところで、先生も短冊に何か書かれたのですか？」

先生「そう、先生も書いたわ。先生もね、願いごとがあるのよ」

良太「どんなことですか？」

先生「それは言えないわ。子供は理解できないことよ」

良太「先生は、本当に天の星が人間の願いごとを聞いてくれると思っていますか？」

先生「そうねえ。全部でなくても、いくつかは聞いてくれるかな、と思っているわ。でも本当は、星は生きてはいないのは、先生も知っているのよ」

あ
か
さ
た
な
は
ま
や
ら

良太「先生、ぼくは、星に願いごとをしないんです。でもね……その星をつくってくれた、生きている神様にいつもお願いをしたり、祈ったりしているんです」

ち

長老への相談

ある姉妹「兄弟、ちょっと相談が……」
ある長老「どうされたのですか？」
ある姉妹「うちの主人の職業病が家でもひどくなってきているんです」
ある長老「ご主人のお仕事はどういった種類の……？」
ある姉妹「掃除の仕事なんですが……家に帰ってきても掃除ばかりするんです。家が美しくなりすぎて……」

て

定期性を保つ

妻「あなた、もう月末だけど……今月の奉仕は順調だったの？」
夫「ああ、順調だよ。毎週２回、土、日は必ず出ているからね……定期性を保つということは大切だから……」
妻「そうね。私は開拓者だから、週５日は奉仕に出ているから定期性をしっかり保っているわ」
夫「それはすばらしいね。『継続は力なり』と言うからね」
妻「ところで、あなた、最近、体臭が少しきつくなっているのではないかしら？　お風呂は毎日入っています？」
夫「いや、毎日は入っていない。でも定期的にちゃんと入っているよ……。週に１～２回は入っているよ、きちんと」

て

デザインとデザイナー

私「デザインがあれば、その背後には必ずデザイナー、つまり設計者がいるよね？」

友人「確かにね。ネクタイに柄があれば必ず、そのデザインを考えて、作った人がいるからなあ」

私「家も同じだよね。建築者が一人もいないのに、ある日、ここに家が建つ確率は……ゼロだよね。では複雑な人間の体を考えてよ。人間の体はうまく設計されているよ……。作者は誰だろうか」

と 東北出身の兄弟（ベテルでの会話）（実話）

A兄弟「Ｂ兄弟は東北地方のご出身だそうですね」
B兄弟「はい。そうですよ」
A兄弟「東北ではどのような奉仕生活を送っておられたのですか？」
B兄弟「そうですね……毎朝、ヘビノシイクから始めましたよ」
A兄弟「えっ？　ヘビノシイク、蛇の飼育ですか？　すごいですね？　怖くありませんでしたか？」
B兄弟「怖い？　なぜですか、怖くないですよ……あっ今日はまだしていなかった。え～と今日はマタイ７章の12節か……」
A兄弟「あぁ、日々の聖句ですね」

と

統治体と寄付について

息子「お母さん、統治体の兄弟たちは全員お金持ちなの？」

母「どうしてそんなことを聞くの？　統治体の兄弟たちは、組織からの払い戻し金で、生活しておられるのよ」

息子「それって、多額？　何十万円とか、何百万円とか……？」

母「それはないわ。最低限の生活ができる程度だと思うけど……ベテルの兄弟たちと同じだと思うの」

息子「じゃあ、なぜ統治体の兄弟たちはあんなに高価な時計やスーツを持っているの」

母「高価な時計って？」

息子「何人かの兄弟はロレックスの380万円の時計をしていて、スーツはヨーロッパ製のもので80万円もするし……靴はイタリア製のもので30万円もしている、と聞いたけど……あれはすべて他の人からプレゼントとしてもらったものなの？」

母「そうね。仕事をしてもうけて買ったものじゃないから人からの贈り物かも……」

息子「そのような高いものを贈るクリスチャンもすごいね？　ところで、統治体の兄弟たちも組織に対して寄付をしておられるのかなあ？」

母「多分しておられるでしょ」

息子「僕としては、その高価な時計を売るなどして換金して寄付に回してもらえたら……助かるけどね……」

な

涙と共に……

山口姉妹「岡本兄弟って頑張っておられるわねえ。昨年、奥さん姉妹を病気で亡くされて、今、兄弟お一人で小さな息子さんたち２人の面倒を見ておられるんでしょう？　励まされるわ」

池田姉妹「そうよ。洗濯、買い物、掃除、料理……と全部、兄弟がお一人でされているのよね？」

花岡姉妹「この間、ある人から聞いたんだけど、先週の日曜日お子さんたちの好物のカレーライスを夕食に作っておられたんだけどね……台所で調理しながら、涙を流されていたらしいの。子供さんたちもそれに気づいていて……」

山口・池田姉妹「まあ、そうだったの？　心が痛む話ね、奥さんがいないというのは……孤独を感じるでしょうね？」

高田兄弟「……以前、岡本兄弟本人から聞いたんだけどね……日曜日の夜は、よくカレーライスを作るみたい……本人が、こんなことを言っていたよ。『子供たちのために時々、カレーライスを作るんだけど……時々困ることがあってねえ……タマネギを切るのに苦労するんだよ……』」

に

苦手なクリスチャン

ある兄弟「私は、Ａ兄弟、Ｂ兄弟、Ｃ兄弟……Ｆ姉妹、Ｇ姉妹、Ｈ姉妹、子供たち、高齢の兄弟姉妹たち、会衆のすべての仲間が好きだし、苦手なクリスチャンは一人もいないんです」

ある長老「それはすばらしいですね。でもね、兄弟、会衆のほとんどの人達が……兄弟が苦手だと言っているのですが……」

あ
か
さ
た
な
は
ま
や
ら

に 人間にとって最も大切な本

友人「現在、世界にはいくつの宗教があるのかなあ？」

私「何万、いや何十万も宗教があるのかも知れないね……私は数えたことがないけど」

友人「どの宗教が正しいのかな？　すべて言っていることが異なっているからなあ……すべてが正しいと言えないしなあ……」

私「もし唯一の神がいるとすれば、その神は信者とコミュニケーションをとると考えられるよね？　どんな方法をとると思う？」

友人「テレパシー……いやそれはあり得ないなあ、天から声を出して多くの人々に聞こえさせる……これも……無理があるなあ……。やっぱり、書物を用いると思う。そう、文字を用いて、神の目的を本で伝えると思うよ」

私「そうだよね？　神がインターネットやＳＮＳを用いて人間に働きかけるなんて、あり得ないだろうね、書物を用いて、いつでも自由に読めるようにするだろうね？」

友人「でも書物はすでに世で出版されているよ。○○学会の本とか、統一○○とか○理教とか、○○の科学の本とか……どれが本物だろうか？」

私「その書物が本当に人類全体に救いをもらす本である

なら。すべての国の人々に読まれる必要があるよね。アフリカの奥地に住む人々にも、南太平洋の島々に住む人々にも、もちろん日本人にも、さらに大人だけでなく、子供にも読める本であるべきだろうね？　つまり、すべての老若男女が楽に読める本であるべきだね。また昔の人々にも現代の人々にとっても役に立つ本であるべきだし……貧しい人々にとっても平等に読めることが求められるよね……」

友人「そんな本って、この世界にあるかな？　あったとしたら、僕はぜひ１冊欲しいなあ」

私「うちの家にあと５冊あるよ。もし興味があれば1冊をプレゼントできるよ」

友人「ええっ？　それを持っていたら……ぜひ、１冊分けてほしい」

私「じゃあ明日、学校に持ってくるよ」

友人「ありがとう！　でもそれって、もしかすると……君が毎日読んでいる聖書のこと？」

私「その通り、さっきの条件をすべて満たしている。世界で唯一の真理を伝えている……聖書だよ」

友人「聖書ってそのような本だったの？　知らなかったよ」

に

2種類の時間

A兄弟「質問してもいい？」

B兄弟「いいですよ。どんな質問？」

A兄弟「例えば、こんな状況を考えてくれる？　兄弟が誰かとデートの約束をしていて、今、駅の改札口で相手を待っているところとするね？」

B兄弟「何だか楽しそうな例えですね」

A兄弟「あと10分たてば約束の時間とする……その状況の時の心理状態はどんなものですか？」

B兄弟「そうだなあ……彼女、早く来てくれないかなあ……あと8分か……あと7分……彼女は約束の時間に来てくれるのかなあ……少し心配だ……あと5分。少しあせってくるなあ……あと3分……少しイライラするよう……早く来てほしい……って心境になるよ」

A兄弟「具体的に答えてくれてありがとう。それって経験したから臨場感があふれているね（笑）」

B兄弟「とにかく、イライラして10分間という長い時間を過ごすと思う」

A兄弟「ところが、彼女がやって来て、そのあとの3時間、彼女と食事をしたり、コーヒーを飲んだり、公園を散歩して楽しくおしゃべりして過ごしたとします。その時、彼女と過ごした３時間、分に換算すると180分……兄弟は、その180分は長いと感じますか？」

B兄弟「長いかって？　その逆！　短く感じるね。経験からそう言えるよ！」

A兄弟「不思議と思わない？　彼女を待っている時の10分間は長く感じるのに、デートしている時の180分間は……短いと感じるよね？　なぜだと思う？」

B兄弟「そう言われると、そうだ。なぜだろうか？」

A兄弟「１時間が60分の長さと感じられるのをアインシュタイン時間と言って、同じ60分が、自分の心境によって長く感じたり、短く感じるのをベルクソン時間と言うらしいよ……」

B兄弟「なるほど。不満足な心境だと長く感じて、楽しい心境だと短く感じるのか……これには納得できるよ……」

A兄弟「ところで、昨日の山田兄弟の公開講演、本当は30分の長さなんだけど……兄弟は何分ぐらいに感じたの？」

B兄弟「そうだなあ……40分ぐらいかな？　兄弟は？」

A兄弟「私は45分ぐらいに感じてね……ということは……我々２人は昨日の公開講演には……感動しなかったということだ」

は

ハルマゲドンはいつ来るか？

母「いったい、ハルマゲドンはいつ頃来るのかしらね？」

息子（高校生）「もうすぐ来ると思うけど……」

母「どうしてわかるの？　あなたは何年頃に来ると思っているの？」

息子「そうだなあ、あと○年後ぐらいかなあ」

母「これこれ、そんなに断定してはダメよ。この文章を読む人にショックを与えることになるでしょ？　具体的な年数は言わないで、そこのところにピー音を入れなさいよ」

息子「それじゃ言い直すね。あと（ピー）年ぐらいすれば、エホバの日、つまりハルマゲドンが来ると思うよ」

母「なぜ自信あり気に言うの？　聖書によると『その日と時刻については誰も知りません』と書いてあるでしょ？　人間は知ることができないのよ」

息子「でも……「年」については知らないとは書かれていないから、聖書を調べたら……知ることが可能なんだよ。僕は3年間聖書と人間の歴史を調べてみて答えがわかったんだ。ダニエル書11～12章と啓示の書11～12章、そしてエゼキエルの書の38～39章を研究すると、ハルマゲドンの時刻や日はわからないけれど年は、ある

あ か さ た な は ま や ら

程度予想できることに気づいたんだよ」

母「……でも会衆の仲間には発表しないでね。長老達にも秘密にしていてね。……お母さんにはそれが近づいた時は１ヶ月前に教えてね。いろいろと準備することがあるので……」

は

ハルマゲドン直後の会話（喜びと驚きと疑問）

A兄弟「……ついにハルマゲドンが終わったようだ……静かだ……あれっ？　自分がこうして生きているってことは……ああ……自分は助かったのか？　驚きだ、確かにうれしい。十分にクリスチャンの活動もできていなかったのに……なぜ助かったのだろう？　このことはあとで考えよう！」

B兄弟「あっ、A兄弟、よかったね。我々は助かったんだよ!!」

A兄弟「そうだ、よかったよかった！　ところであそこにいる姉妹は山田姉妹じゃないか？」

B兄弟「本当だ！　驚きだ。あの姉妹、今月ほとんど奉仕に出ていなかったのに……なぜ？」

A兄弟「確かにね。よく調整者の兄弟に関する不満をよく口にしていたのに……なぜ助かったのか？」

B兄弟「不思議なことって起きるんだね？」

A兄弟「ところで長老だった山口兄弟の姿が見えないんだけど……」

B兄弟「山口兄弟だけじゃないよ。開拓者の丸田兄弟、山本姉妹……それにあの熱心な石川姉妹はどこにいるのだろう？　ま、まさか……いやな予感がするよ……」

A兄弟「悪いことは考えないようにしようよ。あっ黒木兄弟がやって来るよ……兄弟、助かったのですね……。なぜ助かったのですか……？」
黒木兄弟「なぜ？　それは失礼な質問ですよ」

は

犯罪は多いか少ないか

伝道者「最近は、日本でも犯罪が増えてきましたね。この区域でもそういったニュースがありますか？」

家の人「あなたたちは、犯罪とか恐ろしい事件とかよく話題にしていますが……ここは平和な町なんです！」

伝道者「安全な町に住めるのはうれしいことですね」

家の人「日本は立派な法治国家で、外国とちがって犯罪はほとんどない、と思いますけど……」

伝道者「ところで○○さんは、昨夜、おやすみになる前に、玄関や窓に鍵をかけられましたか？　駅に自転車を停める時に、鍵をかけませんか？」

家の人「そ、それは当然ですよ。強盗やどろぼうに会いたくないからですよ」

伝道者「この町にも、○○さんの家のまわりにも悪い人がいるということを無意識に考えておられるのですね」

家の人「確かに、その通りです」

伝道者「私がお話ししたいのは、そのような犯罪がこの地球上からすべてなくなる、というニュースなんです。○○さんは町中の人が鍵をかけなくても安心して生活できたらいいと思いませんか？　地域、国から犯罪がなくなれば、世界で起きている戦争はどうなると思われますか？」

家の人「犯罪や戦争、争いなどがなくなって平和になります……ね」

あ か さ た な は ま や ら

ひ

批判的な夫

夫「前にも聞いたけど……聖書によると永遠の命が約束されているって、それ本当か？」

妻「そうよ。神の約束で、確実なことなので、クリスチャンは全員が楽しみにしていることの一つなのよ」

夫「普通、人生は80年～90年が平均的な寿命だろ？それなのに、神に永遠の命を期待するなんて……欲張り、というか、貪欲じゃないか」

妻「いいえ、神からの贈り物なのよ。人間が欲しがるから、神がしぶしぶ与えてくれるものじゃないの。人間が楽しく永遠に生きることは、神にとっても喜ばしいことなのよ。あなたもそのような永遠の命が与えられたら嬉しくないですか？」

夫「永遠の命か……僕はそんなに欲張りな人間じゃないから、これをお願いするかもしれないなあ」

妻「なんてお願いするの？」

夫「そうだなあ、『神よ、私は永遠の命を望むほど貪欲ではありません。ですから……お願いします。私には永遠の命の半分、永遠の２分の１の命で十分ですから永遠の２分の１の命をお与え下さい』と謙虚にお願いしたいね」

あ か さ た な は ま や ら

妻「（苦笑して、または失笑しつつ）……あなた、可能性があると思うわ。聖書を学びましょうよ。２分の１の永遠の命を期待していてくれて大丈夫なので」

ふ

ファッション感覚

夫「和子、そのスカートなんだけどね……少し短いようだけど……」
妻「あらそうかしら？　私としては少し長すぎるかな、と思っているけど……あなたのそのネクタイ、少し地味すぎないかしら……」
夫「えっそうかなあ？　僕としては少し派手すぎると思っているけど……あっそれから、君のイヤリング、少し大きくないかなあ」
妻「えっこれはイヤリングじゃなくて、ただのキーホルダーよ」

あ
か
さ
た
な
は
ま
や
ら

ほ

本当の答えは？

少年A「B君。タマゴとニワトリ……どちらが先に地球に現われたと思う？」

少年B「タマゴからヒヨコが生まれるでしょ、そのヒヨコが大きくなってニワトリになるから……答えは、タマゴ。タマゴが先に生まれたに決まっているよ」

少年A「じゃあ、そのタマゴは何から生まれたの？」

少年B「それは、ニワトリからだよ……あれっ？　じゃそのニワトリはどこから……？　わからなくなってきた……」

少年A「答えは、ニワトリが先に生まれたんだよ」

少年B「それじゃ、そのニワトリも昔はヒヨコだったよね？」

少年A「いや、エホバ神が大人のニワトリを最初に創造したんだよ」

少年B「え～？　神が大人のニワトリをつくったの？ちょっと考えにくいよ」

少年A「では質問を変えるね。大人の人間と赤ちゃんのどちらが先に地球上に現われたと思う？」

少年B「もし赤ん坊が先だったら……おかしいよね？もし、赤ん坊が先だったら……どのようにして自分でミルクを飲むのだろう？　大人の世話がなければ……赤ちゃんはすぐに死んでしまうのか……わかった、動物は全部、大人が先につくられたのか！」

少年A「正解！　聖書にはもっとすごいことが書かれているよ」

あ
か
さ
た
な
は
ま
や
ら

ま

交わり（仲間との交流）

夫「明日の晩はシュ（酒）の交わりに行ってくるけど、いいよね？」

妻「あらシュ（主）の交わりって……それ先週行ったじゃない。シュ（主）の記念式……」

夫「そうじゃなくてシュ（酒）の交わり、お酒の交わり……あまり飲まないから気にしなくていいよ」

子供「お父さん、教えて、このことわざの意味は何なの？　シュ（朱）に交われば赤くなるって？　顔が赤くなるの？」

ま

マニュアル通り

一人の客「あのう、ハンバーガー20個とコーラ12本、そして……フライドポテト14個、Mサイズで……お願いします」

店員「くり返しますね？　ハンバーガー20個とコーラが12本、フライドポテトが14個、Mサイズですね。ありがとうございます。店内で召し上がられますか、それともお持ち帰りですか？」

客「（無言）……あの持って帰りますけど（笑いながら）」

カウンターの近くにいた一姉妹「ねえ……聞いた？　あれだけの量を一人で店内で飲食できると思ったのかしら？」

一兄弟「いや、あれはマニュアルを覚えているので、無意識的に口から出た言葉だよ。ちょっと笑ってしまうよね」

姉妹「私達も、このことから教訓が得られるかもね？」

兄弟「姉妹も、少し注意したほうがいいかなって思うけど……」

姉妹「それって、どういう意味かしら？」

兄弟「あのう、……先ほどの奉仕で姉妹は相手の人に啓示の21章4節を用いて熱弁していたでしょ？『神は人々の目から全ての涙を拭い去ります。もはや死はなくなり、悲しみも嘆きも苦痛もなくなります。このことが近い将来に実現する、と聖書は述べているのです』……と証言していたね」

姉妹「ええ、この聖句を用いるようにと、今月は勧められているので……だから、どうしたの？」

兄弟「その証言を聞いた人はお医者さんだったよね、不快な顔をしていたよ……」

むずかしい言葉

母「まあ、あなた、この政治家、汚職事件に関わっているって、報道されているわよ！」
父「えっ、やっぱりそうだったのか？　世の中は乱れているよな？」
小学生の娘「この人、レストランで何か悪いことをしたの？　何をしたの？　お食事券が汚なかったの？」

あ
か
さ
た
な
は
ま
や
ら

や

野外奉仕におけるある証言

ある奉仕者「こんにちは……。私は近所に住む者で、近い将来に起きることについて、聖書からお知らせして……いる……あのう、世界中から犯罪とか、悪いことをする人々が……いなくなる、という情報を……」

ヤクザの組員「おい、お前、ここはどこやと思っとるんや？」

（奉仕者は、そこが暴力団の事務所だと気づく）

奉仕者「は、はい。わかっています。ですから良いお知らせをお伝えしていまして……」

ヤクザの組員「だから、どんな話や？　はやく言え！」

奉仕者「じ、実は、この世界から警察や裁判所がなくなる、というニュースなんです」

ヤクザの組員「何？　警察がなくなる？　それは本当か？　それはマジか？　だったら話を聞こう。中に入れ」

（あとはどうなったのか不明）

ゆ

夕方の東京の
山手線の中での再会（ほぼ実話）

大柄な巡回監督Ａ「おお、兄弟！　久しぶりだなあ」
色黒の巡回監督Ｂ「あっ奇遇ですね。兄弟あの時はお世話になりました。最近は関東はいかがですか」
巡回監督Ａ「ぱっとしないなあ、関西はどう？」
（このあと乗客の数が減っていく）

ゆ

有神論と無神論

無神論者の友人（中学生）「君は学校でしっかりと進化論を勉強してきたのに……神を信じているのか？」

クリスチャンの中学生「そうだよ。絶対に神は存在するって」

無神論者の中学生「それっておかしいよ。神は目に見えないし、話すことができるの？　神がもし、ここにいたら、ぼくは一度会ってみたいなあ」

クリスチャン中学生「じゃあ、これを見てくれる？」

無神論中学生「どうしたの？　ただのスマホでしょ？」

クリスチャン中学生「昨日、うちの裏庭で、スコップを使って穴を掘っていたら、その穴の中からこのスマホが出土したんだ……と言ったら、君はその話を信じる？」

無神論中学生「馬鹿なことを言うなよ。スマホはショップで売っているじゃないか？　土の中にあったはずがないよ！」

クリスチャン中学生「スマホは科学者や研究者が作ったから、勝手に土の中から生じるはずがないよね。では、スマホと人間の体を比べると……どちらが複雑にできていると思う？」

無神論中学生「そ、そりゃあ、人間の体の方が複雑だ」

クリスチャン中学生「では、簡単なスマホに設計者がいるのに複雑な人間の体の設計者はいないと思うの？　君がぼくに神が存在しない証拠を５つ教えてくれたら、ぼくは神が存在する証拠を50個教えるよ」

あ
か
さ
た
な
は
ま
や
ら

ゆ

輸血について

友人A「エホバの証人って輸血をしないよね？　もし命が本当に危険な状態な時でも、輸血をしないのか？」

私「そうです。聖書にはっきりと『血を避けるように』と書いてあるので、体内に血液を取り入れる輸血はしないのです」

友人B「血を飲むことは避けても、輸血は血液の量を増やして命を助けることになるのに？」

私「もし輸血を避けることによって命を失ったとしても……血液を創造した神は生命を創造した神でもあるので、命を失っても……そのこと自体は悲しいことだけど……神は復活を約束しておられるので、神の指示に従った結果、命を失っても必ず神は復活を保証して下さっているので……」

友人A「それでも輸血のおかげで助かることもあるのに……」

私「では2人に質問するね？　今とても暑くて大変な夏だとするね……2人はのどがかわいていて、今すぐに水かジュースを飲みたいとする……そこで私が2人に飲み物を用意するとして……1つのグラスにはよく冷えた赤いトマトジュース、もう1つのグラスにはよく冷えた赤い人間の血液。どちらを選ぶ？」

友人A「ええ～……それじゃ、僕はトマトジュースを」

友人B「僕もトマトジュースが飲みたいよ～」

私「どうして血液のグラスを選ばないの？　これでわかったでしょ？　人間は本能的に血を避けたいってこと。神は人間が血液を体内に取り入れるようには創造していないんです」

あ
か
さ
た
な
は
ま
や
ら

あ
か
さ
た
な
は
ま
や
ら

よ

世の中の普通の言葉を知らない中学生

父（新聞を見ている）「ええっ？　倒産だって？　これは信じられないなあ」
母「まあ、驚きね？　こんなことが起きるなんて……」
中学生の息子「何か大変なことがあったの？　父さんが何かしたの？」
父と母（……無言……多少、あきれている……）

よ

4 人の親・10人の長老兄弟

ひとみ(小学生)「ちょっと相談したいことがあるの……」
山岡姉妹（開拓者）「あら、どうしたの？　何でも話して……」
ひとみ「私、最近、戸惑っているんです……家と王国会館で」
姉妹「何があったのかしら？　遠慮しないで話してくれる？」
ひとみ「私には親が 4 人いるんです……」
姉妹「え〜っ？　それはどういう意味なの？」
ひとみ「あの……王国会館にいる時は、私のお父さんとお母さんはとても優しいので、好きなんですが……家に帰ると別の 2 人の両親になるんです……どっちが本当の私の親なのかが……わからなくなるんです……」
姉妹「……な、なるほど……そうなのね？　ひとみちゃんも困ってしまうわねえ……」
ひとみ「姉妹はそんな経験されたことがありますか？」
姉妹「私は、ないですよ〜。私の両親はいつも優しいので」
ひとみ「いいですね〜？」
姉妹「ただ一つだけ戸惑っていることがあるのよ」

ひとみ「それって、どういうことですか？」

姉妹「うちの会衆の長老兄弟は５人いるでしょ？　真面目で、少し固かったり、少し厳しかったり……でもとてもにこやかで優しくなる時があるよね？　……巡回訪問の週の時に、別の５人の長老が現れるでしょ？　私、戸惑うのよ」

あ
か
さ
た
な
は
ま
や
ら

よ

よく黙想する若い姉妹

黙想姉妹「私って、想像力が強すぎるというのか……黙想をし過ぎて困ることがあるのよ……」

一般姉妹「そう？　クリスチャンが黙想することって正しいことだと思うけど……なぜ困ることがあるのかしら？」

黙想姉妹「エホバ神、イエス・キリスト、天使たち……は1日24時間私たちを見守ってくれているでしょう？　それは本当にありがたいんだけど……ね？　トイレ、お風呂に入るのが……」

あ か さ た な は ま や ら

ら

楽園で復活した歴史上の有名人の発言　その①

フランシスコ・ザビエル「……あれえ、ここは天国ですか？」

豊臣秀吉「あれっ？　徳川家の人達はどこにおるのか？」

レオナルド・ダ・ビンチ「おかしいなあ、あの『モナリザ』の絵は？」

聖徳太子「四天王寺が見当たらぬ。……ここはどこじゃ？」

徳川家康「あれ？　チョンマゲ頭の人間はいないのか？」

コロンブス「新大陸ってこんな様子だったのか？　おかしいぞ」

ヒトラー「おい、連合軍はどこだ？　私は死刑になるのか？」

伊藤博文「あれ？　ここは中国大陸だよな？　日本政府はどうなっているのか？」

チャールズ・ダーウィン「えっ何だって、ここは聖書が予言していた、あの地上の楽園だって？　まさか、信じられん、ということは……進化論は100％間違っていたのか？　神は存在していたのか！　知らなかった。……全人類の皆さん……申し訳ありませんでした。私としたことが……情けない（泣）」

ガリレオ・ガリレイ「やっぱり地球は自転と公転をして

いたでしょ？　神は存在していたのですか？　私は正しかったんですね？」

スターリン「私は悪いことをしました。すみませんでした」

ニュートン「やっぱり、神は存在したんですね？　これからは聖書を研究するぞ！」

C・T・ラッセル「ああ、ハルマゲドンを経験したかったなあ！」

あ
か
さ
た
な
は
ま
や
ら

あ
か
さ
た
な
は
ま
や
ら

ら

楽園で復活した歴史上の有名人の発言　その②

手塚治虫「あれ？　かなり時間がたっているようですが……あの……鉄腕アトムはまだ作られていないのですか？」

ジョン・レノン「あれ……私はさっき銃で撃たれたようだが……痛みはなくなっている……おかしいな。犯人はどこにいるの？」

エジソン「私は昨夜復活したらしいのだが……夜は真っ暗だった、よし、また電灯を発明するよ……」

カエサル（シーザー）「ブルータスはどこだ？　……あっクレオパトラも復活したのか、……あっブルータスお前もか？」

毛沢東「ここはどこだ？　中国か？　共産主義革命は成功したのか？　あの労働者たちはどこにいるのか？」

ベートーベン「あっこれはどういうことだ？　耳が聞こえるぞ……すごいぞ、ピアノが見当たらないが……どんどん作曲するぞ〜」

ヘレン・ケラー「まあ……目が見えるわ、あれが山？　これが草？　まあ、これがあの水なのね？　音も聞こえるし……でも、でも、私がどうして話せるのかしら……奇跡だわ」

チャップリン「えっここがあの楽園か？　復活できたのは確かにうれしいことだ……でもなぜ映画館がないのだ？」

ナイチンゲール「まあ、ここはとても平和な国ね？　負傷兵たちはどこにいるの？　もう一人もいないのね？　私は失業したのね」

マザー・テレサ「あら、ここは天国ですよね？　インドで亡くなった人々は今どこにいるのですか？　あ、あそこにたくさん集まっているわ、とてもうれしい。ここは地上のパラダイスなんですか？　カトリックはまちがっていて、エホバの証人たちの方が正しかったのですね？私、研究すればよかった……」

ら

楽園におけるノアとモーセの会話

ノア「初めまして……私はレメクの子です。西暦前2970年に生まれました。私が生きていた時代、特に大洪水の前の世界は世の中が乱れていましたよ」
モーセ「そのことはよく存じあげています。私はモーセと言います。西暦前の1593年生まれです。レビのひ孫、コハトの孫でアムラムの息子です。アロンが私の兄なんです」
ノア「その辺の人間関係、家系図についてはよくわかりません、すみません」
モーセ「大洪水の時は大変でしたね？　ネフィリムもたくさんいて、世の中は悪に満ちていたらしいですね？　よく子孫達のために、箱船を作ってくれましたね。本当に感謝しています」
ノア「モーセ兄弟、よく知っておられますねえ？」
モーセ「ええ、実は、私が世界で最初にエホバ神の言葉である聖書を書く特権が与えられたのです」
ノア「それはすごいですね！　ところで、あそこにいる人は誰なんですか？　多くの人たちに囲まれていますね」
モーセ「私はあの人とは２回しか話をしていないのですが……ダビデという人でイスラエルの２代目の王だった

らしいのです……向こうへ行って話をしましょうか？」

ノア「周囲に何人かの女性たちもいますね？　美しい女性たちですね？」

モーセ「以前結婚していた奥さん達なんです……バテシバ、アビガイル、ミカル、アビタル、アヒノアム……多いねえ、私の妻はチッポラー人なんです。少しうらやましいな」

あ
か
さ
た
な
は
ま
や
ら

ら 楽園で復活した聖書中の有名人物の発言

ノア「あれ、ここはどこ？　私は950才まで長い人生を送ったはず。子孫もたくさんいたはずだが、どこにいるの？　あっ、いたいたあそこにいる集団が子孫たちだな？」

アブラハム「ここが……真の土台を持つ都市ですね？私はこれを心から待ち望んでいたのです。あっあれはサラですね！　久しぶりの再会ですよ！　あれ……こちらにいる女性は、ケトラです……どうしようか……サラにどのように紹介したらいいのだろう？」（ヘブライ11：10、創世記25：1）

ヨブ「あ～これが復活なんですね？　昔から望んでいた事柄です！　あっそうか、私は全員で20人の子供を得ていたのだ！　全員に会えてうれしい！　エホバに感謝するしかない」（ヨブ1：2、42：13）

ダビデ「あ～私も復活できたのですね。エホバ神、感謝します。ソロモンもいるし……バテシバもいる……。ありがたい！　……でも私には謝罪すべき人がいるのだ……それはあそこに立って、こちらに向かって歩いてきている人……ウリヤだ……」

マナセ「ここはシェオールではなくて……明るい都市だ

な、でも……エルサレムではない……。あんなに悪いことをエホバ神に対して行なったのに許して下さった神にこれからも仕えよう」

ダニエル「……よく眠ったなあ……今は朝か？　あたりは静かだ……これは……あの天使が『……あなたは休みますが、日々の終わりに……立ち上がります』と言われていたが、あの預言の成就だと思う。これが復活なのか……感動的な経験だ」（ダニエル12：13）

ヨナ「あぁ、私は生きている……１～２度、死なせて欲しい、なんて馬鹿なことを言ったが……やはり、こうして生きているほうがいい！　あっニネベの人達が向こうにいるぞ……会いに行って来よう！」（ヨナ４：３，９）

あ
か
さ
た
な
は
ま
や
ら

り

量を減らす

妻「あなた、最近、飲む量が多いんじゃない？　身体のことを考えてアルコールの量を減らすのはどうかしら……」

夫「それもそうだな。クリスチャンとして自制が大切だからね……よし、では明日の晩から一日ビール５本を４本にするよ」

り　理由がわからない（名前は一部変えてあります）

A姉妹「太田兄弟、お早うございます」

太田B「…………」

A姉妹「（どうして、恐い顔をしているのかしら、それになぜ、私にあいさつをしてくれないのかしら……）」

B姉妹「太田兄弟、お早うございます」

太田B「…………」

B姉妹（えっ、なぜ無視するの……聞こえなかったのかな？）

C兄弟（長老）「あぁ、兄弟、お早うさん」

太田B「…………」

C兄弟「ねえ、太田兄弟……どうかしたの？」

太田B「…………ちょっと……厳しくて…………」

C兄弟（よっぽどつらいことでもあったのかな？　あとで電話をかけて尋ねてみよう……気になるなあ、いつもは明るく返事してくれる兄弟なのになあ……）

A姉妹、B姉妹（2人そろって）「ねえ、ちょっと太田兄弟、今日は様子が変よね、どうしたのかしらね。本当ね、あいさつぐらい返してくれてもよさそうなのにね？私達2人共兄弟に嫌われているのかしら……ね？」

太田兄弟（独り言）（やっぱり……仲間を不快にさせた

……困ったなあ……昨日、この親知らずを抜いておけばよかった……)

あ
か
さ
た
な
は
ま
や
ら

あとがき

世に数多くある本の中でこの本を手にとり読んで下さったことに感謝いたします。聖書は将来の希望を強調している、私たちに役立つ本です。そうでなければ歴史を通じてベストセラーにはならなかったと思います。

世界の政治、文学、芸術、クラシック音楽、哲学、法律学などにも大きな影響を残してきた本です。今まで一度も改訂されることなく3500年ほどにわたって読まれてきました。エホバの証人はその聖書を真剣に学んでいる人たちです。

この本で、少しでもエホバの証人たちの生き方、考え方をご理解していただけたらうれしく思います。

この本を出版するに際して、パレードブックスの皆さんにお力添えいただきました。感謝しています。

エホバの証人・ジョーク集
ハン・ギン・ゼア!

2024年7月5日　第1刷発行

著　者　宜門有三（ぎかどゆうぞう）

発行者　太田宏司郎
発行所　株式会社パレード
大阪本社　〒530-0021　大阪府大阪市北区浮田1-1-8
TEL 06-6485-0766　FAX 06-6485-0767
東京支社　〒151-0051　東京都渋谷区千駄ヶ谷2-10-7
TEL 03-5413-3285　FAX 03-5413-3286
https://books.parade.co.jp
発売元　株式会社星雲社（共同出版社・流通責任出版社）
〒112-0005　東京都文京区水道1-3-30
TEL 03-3868-3275　FAX 03-3868-6588
印刷所　中央精版印刷株式会社

ISBN 978-4-434-34004-8 C0014